# Voces de mi locura:
## poemas y canciones

# Voices From My Madness:
## Poems and Songs

### Julio César Alvarez

ISBN: 1-4033-1981-2 (Electronic)
ISBN: 1-4033-1982-0 (Softcover)
ISBN: 1-4033-1983-9 (Rocket Book)

This book is printed on acid free paper.

1stBooks - rev. 06/24/02

Cuando la esquizofrenia ataca tu vida como un lobo enjaulado, te puede sumir en una terrible crisis. Pero de mí surgieron los versos de las "Voces de mi locura: poemas y canciones" y nació en mí un gran deseo de vivir que me llevó a combatir esta terrible enfermedad. Dedico este libro a mis padres Alvaro y María Antonieta, a mis hermanos Alvaro Jesús, Marco Antonio, y Eduardo, a mi abuela Rosario, y a mis maestros Charles Dunham, Claudio Perez, y María Isabel Tamargo.


When Schizophrenia attacks your life like a caged wolf, it could take you to suffer a terrible crisis. But through writing the poems of "Voices From My Madness: Poems and Songs" it was born in me a great desire to live and combat this evil illness. I dedicate this book of poems to my parents Alvaro and María Antonieta, my brothers Alvaro Jesus, Marco Antonio, and Eduardo, my grandmother Rosario, and my teachers Charles Dunham, Claudio Perez, and María Isabel Tamargo.

# Voces de mi locura:
## poemas y canciones
# Voices From My Madness:
## Poems and Songs

# Mi espina

Tengo una espina clavada muy hondo.
La espina me conforta,
Me acaricia,
Me ilumina,
Me desquicia y me calcina.
Es una masa encefálica que no tiene forma;
Es como una gelatina de tejidos
Que envuelve todos mis sentidos,
Que ordena todos mis respiros,
Que dicta todos mis latidos.
Tengo una espina clavada muy hondo.
La espina me destruye,
Me ciega,
Me idiotiza,
Me mata y me suaviza.
My espina es grande, espesa y abundante.
Es como un clavo de mil puntas
Que abre heridas en mi carne,
Que hace huecos en mis huesos,
Que hace trizas a mis sesos.
La espina que me mata es mi conciencia.

*Julio César Alvarez*

# My Thorn

I have a thorn nailed very deeply.
The thorn comforts me,
    Caresses me,
        Illuminates me,
            Unhinges me and calcine me.
It is like an encephalic mass that has no shape;
It is like a gelatin of tissues
That envelopes all my senses,
That orders all my breaths,
That commands all my heartbeats.
I have a thorn nailed very deeply.
The thorn destroys me,
    Blinds me,
        Makes me idiotic,
            Kills me and softens me.
My thorn is big, thick, and abundant.
It is like a nail of one thousand sharp points
That opens wounds on my flesh,
That makes holes on my bones,
That knocks to pieces my brains.
    The thorn that kills me is my conscience.

# Hermano pájaro

Hermano pájaro,
Ángel dulzor, diablillo.
Eres un puro e inocente niño
Que gustas de la obscuridad del día
Para celebrar tus temores;
Los que te esclavizan sin razón.
Mis manos que te tienen lo perciben
Por eso te sueltan hoy.

Escapa, vuela,
Vuela libremente y canta
Par todo el Universo;
Que tu voz sea verso
Que dulcifique al perverso.

Escapa, vuela,
Vuela llevando las notas
De una hermosa canción de paz
Por todos los rincones
De nuestros corazones.

Hermano pájaro,
No sabes coma te envidio.
Se feliz si puedes
Y lleva la felicidad con tus cantos
Si tú quieres.
Nunca tengas miedo
Pero siempre recuerda lo siguiente:
Vive y deja vivir.

*Julio César Alvarez*

# Brother Bird

Brother bird,
Angel of sweetness, little devil.
You are a pure and innocent child
Who likes the darkness of the day
To celebrate your fears;
The ones that enslave you without a reason.
My hands which hold you perceive that
That's why they let you go now.
Escape, fly,
Fly freely and sing
Throughout the whole Universe;
Let your voice be a verse
That sweetens the perverse.
Escape, fly,
Fly sending the notes
Of a beautiful song of peace
Throughout all the corners
Of our hearts.
Brother bird,
You don't know how much I envy you.
Be happy if you can
And spread all the happiness with your songs
If you want.
Never be afraid
But always remember the following:
Live and let live.

# Cuando regrese a casa

Volveremos a vernos
Cuando regrese a casa.
Te diré que te quiero;
Me dirás la que pasa.
Los caminos que el tiempo
Ha formado para mí
Me llevarán contigo;
Para cuando regrese,
Cuando regrese a casa.
Pediré humildemente
Tu perdón, tu cariño,
Por haberte dejado
Tan sola como a un niño.
Y ya no habrá mas guerras
Que me separen de ti.
Soy soldado que vive
Tan sólo porque te ama.
Voy a darte la vida
Por los días que perdimos
Cuando regrese a casa.

*Julio César Alvarez*

# When I Come Back Home

We will see each other again
When I come back home.
I will tell you that I love you;
You will tell me what's going on.
The roads that time
Have made for me
Will take me to you;
When I come back,
When I come back home.
I will beg humbly
For your pardon, your fondness,
For having foresaken you
As alone as a child.
And there will be no more wars
That separate me from you.
I am a soldier who lives
Just because I love you.
I will give you my life
For the days that we lost
When I come back home.

# Mi inspiración

Como una luz que toca mi alma
Llega a mí la inspiración;
Como una voz que me reclama
Despierta mi corazón.
  Abre mi mente y me dice:
Saque su lápiz Señor.
Y con papel en la mira
Me dicta con un primor
Palabras que abren mi vida;
Que tocan como el amor
Y que hacen vibrar mis manos
Como si hubiera un temblor
Dentro del tiempo infinito
En el espacio interior
Que hay en mi cuerpo pequeño
Que es frágil como una flor.
  Llega como una paloma
Blanca, esculpida por Dios,
Que vuela par mis neuronas
Que transmite una ilusión
Para lograr en la vida
La paz y un mundo mejor.
  Aunque sabe que soy mudo
Porque no me sé expresar
Con las palabras que digo
Cuando me decido a hablar
De cosas que yo no entiendo
Que quisiera decifrar,
Y que en un solo suspiro
Me pone a reflexionar.
  Me obliga a que en un poema
Escriba para probar
Que en mí hay un gran sentimiento

Que ella quisiera mostrar.
Me usa cual su instrumento
En su infinita bondad
Para darme en un momento
Un trueno de libertad,
Para que ella en mis ideas
Pueda cambiar tu pensar.
Te escribo a ti que estas leyendo
Destellos de una canción
Que refleja este poema
De una tierna sensación;
Que nacen de unas ideas
Que me producen placer,
Pero que no siempre vienen
Del amor que da una mujer.
Sé que le parece extraño;
Ni yo me entiendo, Señor,
Y no trate de entenderme
Pues jeroglífico soy.
Y de esta forma yo les digo
Como en mí la inspiración
Se transforma en una imagen
De una luz y de su voz.

# My Inspiration

Like a light that touches my soul
Comes to me my inspiration;
Like a voice that claims me
Awakens my heart.
It opens my mind and tells me:
Take out your pencil my Lord.
And with a paper at sight
It dictates me with dexterity
Words which open my life;
Words that touch like love
And that make my hands vibrate
As if there would be an earthquake;
Inside the infinite time
In the interior space
That there is in my little body
Which is as fragile as a flower.
My inspiration comes to me as a dove,
White, sculptured by God,
That flies throughout my neurons
That transmits an illusion
To be able to get in life
Peace and a better world.
Even though it knows I am mute
Because I don't know how to express myself
With the words that I say
When I decide to speak out
Of things that I don't understand
That I would like to decode,
And that in only one breath
It makes me to think again.
When writing one poem it forces me
That I write down to prove
That in me there is a great feeling

9

That it would like to show up.
    It uses me like its instrument
In its infinite kindness
To give me in a moment
A thunder of liberty,
So that it in my thoughts
Would change your way of thinking.
    I am writing to you who are reading
Sparkles of a song
That reflects this poem
From a tender sensation;
Which borns from ideas
That cause me to feel pleasure,
But that not always come
From the love a woman gives.
    I know that it seems strange;
I don't even understand myself, Sir,
And do not try to understand me
For hieroglyphical I am.
    And in this way I tell you
How in me my inspiration
Transforms itself in one image
From a light and from its voice.

# Pobre flor

Pobre flor maltratada,
Flor marchita, olvidada;
Hechizada por los caprichos del tiempo.
¿Piensas tú que vendrán
Las dulces primaveras llenas de sol
Con sus refrescantes lluvias
Para volverte a la vida?
¿Piensas tú que tu pesadilla es eterna,
Y que estás toda enferma
Porque Dios no te quiso;
Porque no te bendijo;
Porque no te besó?
Piensas tú que tus aromas
Ya no abren el alma de las manos que te tocan?
Flor, no mueras
Y comparte la pasión
Que se desborde por tus venas.

# Poor Flower

    Poor maltreated flower,
Withered flower, forgotten;
Bewitched by the caprices of time.
    Do you think that will come
The sweet Springs full of sun
With their refreshing rain
To turn you back to life?
    Do you think that your nightmare is eternal,
And that you are all sick
Because God did not loved you;
Because he did not blessed you;
Because he did not kissed you?
    Do you think that your aroma
Do not open the soul of the hands that touch you anymore?
    Flower, do not die
And share the passion
That overflows through your veins.

# No sé qué hacer

Cuando me fuí de casa te dije adiós;
No sé por cuánto tiempo no volveré.
Me voy por los caminos que marca Dios;
Me voy muy lejos de ti.
    Al recorrer las calles de nuestra ciudad
Mirando atrás me vienen muchos recuerdos.
Con la mirada baja, tez de tristeza,
Mis ojos lloran por ti.
    No sé qué hacer Amor, mi Amor.
Me voy de ti, te digo adios;
Yo sólo quiero tu vivir, quiero tu amor.
    No sé qué hacer Amor, mi Amor.
Quisiera yo tenerte aquí,
Y desde hoy yo empezaré a estar sin ti.
    Soy un cobarde que no se atreve a nada.
Sé que en la vida me faltará tu amor;
Laura, no quiero arrastrarte al fracaso,
Pues tengo miedo de que sufras mi Sol.
    Las golondrinas cantarán mi partida
Este verano que el viento se llevó;
Pero el profundo sonido de tu voz
Estará dentro de mi mal corazón.

*Julio César Alvarez*

# I Don't Know What To Do

When I went away from home I told you good-bye;
I don't know for how long I will come back.
I am leaving through the roads that God commands;
I am going far away from you.

When I walk around the streets of our city
As I look back many memories come to me.
With my sight down and face of sadness
My eyes cry for you.

I don't know what to do Love, my Love.
I am going far away from you, I told you good-bye;
I only want that you live; I want your love.

I don't know what to do Love, my Love.
I would like to have you with me,
And since today I will start to be without you.

I am a coward who doesn't dares to anything.
I know that in life I will lack your love;
Laura, I do not want to drag you to failure,
For I am afraid that you suffer my Sun.

The swallows will sing my departure
This Summer gone with the wind;
But the deep sound of your voice
Will be inside of my evil heart.

# Cuánto te amo

Madre bendita,
Cuando tu mueras, cuando yo muera,
Nos encontraremos en nuestro cielo.
Hoy sólo pido
Que tu me quieras pues yo te quiero.
Si te dijera
Cuánto te amo, no lo creerías.
Yo te idolatro, sueño contigo,
Con tu ternura.
Tus ojos bellos,
Tu tez radiante y pelos de oro;
Con magia oculta
Entre tu ser, entre tu cuerpo,
Hacen que yo
Te diga y jure
Amor eterno.
Mi amor por ti
Traspasa Tierra, cielo e infierno.

*Julio César Alvarez*

# How Much I Love You

Blessed mother,
When you die, when I die,
We will meet in our sky.
Today I only ask you
That you love me, for I love you.
If I would tell you
How much I love you, you won't believe it.
I idolize you; I dream with you,
With your tenderness.
Your beautiful eyes,
Your radiant face and golden hairs;
With hidden magic
Within your being, within your body,
Make that I
Tell you and swear you
Eternal love.
My love for you
Goes beyond Earth, heaven and hell.

# La sensación

Disfruto la sensación
Que da la masturbación,
Y con imaginación
Culmino con emoción;
Y no tengo restricción
De cometer esta acción
Muy solo en mi habitación.
    Y la confieso ante el Hombre;
Y la confieso ante Dios.
    Porque limpio de alma soy,
Porte un simple hombre soy,
Porque macho no soy.

*Julio César Alvarez*

# The Sensation

    I enjoy the sensation
Given by masturbation,
And with imagination
I culminate with emotion;
And I don't have restriction
Of commiting this action
Alone in my habitation.
    And I confess it before Man;
And I confess it before God.
    Because clean of soul I am,
Because a simple man I am,
Because I am not a macho-man.

# Con tus manos

Quisiera yo sentir
El roce de tus manos
En mi cara;
Imaginar por fin
Que un día tú vendrás
A despertar en mí el alma.

No sabes como yo
Te he buscado tanto
Y sufro por tu ausencia,
No te he encontrado aún
Pero al pensar en ti
Percibo tu presencia.

Y asi te descubrí en un bello jardín
Sentada al borde de una fuente.
Rodeada de un sinfín
De rosas de color pureza, sol y amor.

Me acerqué lentamente,
Y delicadamente
Toqué y besé tus manos.

Después tomé una rosa
La puse entre los dos
Y los dos inhalamos
Su aroma embriagador.
Tú acaricias mi cara
Y yo cubro tu pelo
Con pétalos de flor.

Yo te hablé de mi vida;
Te hablé de mi corazón,
Y de todos los momentos
Que he esperado tu amor.

Tú besaste mis labios;
Tú callaste mi voz;
Y con tus santas manos
Me diste tu bendición.
    Ésto me dejó inmóvil;
Mudo por un largo instante;
E hizo llorar a mis ojos
Lágrimas de diamante.
    Y fue con tus suaves manos
Y con tu dulce cariño
Que has dado luz a mi vida;
Y has cerrado las heridas
Que sufría sin tu amor.
    Me hiciste sentir un hombre;
Hombre por primera vez
Porque tienes en tus manos
La ternura de mujer.
    Con tus manos encendiste
Las células de mi cuerpo;
Y despertaste y avivaste
Todos mis sentimientos;
Los que yo tenía dormidos;
Los que estaban escondidos,
En el fondo de mi mente
Y en la carne de mi ser.
    Con tus manos encontré lo buscado;
Sentir el amor palmo a palmo;
Amor callado, que tenía olvidado
En la suave sombra de mi alma.
    Ahora que estas aquí
Tan sólo yo te ruego no abandonarme;
No quiero despertar
De este mi hermoso sueño
Porque quiero ser el dueño
De tus manos, de tu amor.

Te quiero mucho mas de lo que pienso;
Mas allá del Universo.
No destruyas Ilusión mis ilusiones
Con tus manos enciendes tú mis pasiones.

*Julio César Alvarez*

# With Your Hands

I would like to feel
The slight touch of your hands
On my face;
To imagine that once and for all
One day you will come
To awaken in me the soul.
    You don't know how I
Have looked for you so much
And how I suffer for your absence;
I have not found you yet
But when I think about you
I perceive your presence.
    And so I found you in a beautiful garden
Sitting at the border of a fountain
Surrounded by an infinite number
Of roses of purity, sun, and love colors.
    I went near you slowly,
And delicately
I touched and kissed your hands.
    Then I took a rose
I put it between the two of us
And both inhaled
Its drunkening aroma.
    You caressed my face
And I covered your hair
With the petals of the rose.
    I talked to you about my life;
I talked to you about my heart,
And of all those moments
That I have waited for your love.

You kissed my lips;
You shut up my voice;
And with your holy hands
You gave me your blessing.
    This left me motionless;
Mute for a long time;
And made my eyes cry
tears of diamond.
    And it was with your smooth hands
And with your sweet fondness
That you had brought light to my life;
And that you had closed the wounds
That I suffered without your love.
    You made me feel a man;
A man for the first time
Because you have in your hands
The tenderness of a woman.
    With your hands you lit up
All the cells of my body;
And awakened and revived
All of my feelings;
The ones that I had slept;
The ones that were hidden,
In the bottom of my mind
And within the flesh of my being.
    With your hands I found what I was looking for;
To feel love inch by inch.
Love that was still, that I had forgotten
In the smooth shadow of my soul.
    Now that you are here
I only beg you not to forsaken me;
I don't want to wake up
From this beautiful dream
Because I want to be the owner
Of your hands, of your love.

*Julio César Alvarez*

I love you much more of what I think;
I love you beyond the Universe.
Do not destroy Illusion my illusions
With your hands you lit up my passion.

# Mis madrugadas

¡Ah cómo pesan las madrugadas sobre mi espalda!
¡Ah cómo pesan! ya que siento
Que puedo morir de tristeza en este instante.
Reloj, quiero ignorar este obscuro momento
Para quitarle peso a mi losa.
No tomaré tu palabra
Aunque la Biblia cantes
Y la Verdad me digas.
Te ignoraré mil veces uno
Aunque hoy llueva,
Y tu sigas marcando las horas
Que yo pasaré cargando con la cruz de mi vida.
Pero cómo ignoraré el paso del tiempo
Si la noche cae fuertemente, agudiza y mata.
Estoy cansado; estoy harto.
Siento náuseas de mí mismo por ser un taciturno,
Por no tener amigos con quien platicar.
Estoy solo, solo con mi soledad.
Ya no puedo con mi tristeza, madrugada;
Hazme fuerte o mátame,
Y silencia silenciosamente los quejidos de mi alma
Para encontrar la paz; para encontrar la calma.

*Julio César Alvarez*

# My Dawns

How heavy are the dawns over my back!
Oh, how heavy they are! since I feel
That I can die of sadness in this instant.
Clock, I want to ignore this obscure moment
To take off weight from my gravestone.
I will not take your word
Even though the Bible you mark
And the Truth you tell me.
I will ignore you one thousand one times
Even though it rains today,
And you continue marking the hours
That I will spend lifting the cross of my life.
But how can I ignore the passage of time
If the night falls heavily; it is sharp and kills.
I am tired; I am angry.
I feel nausea of myself for being a taciturn,
For not having friends to talk with.
I am alone; alone with my loneliness.
I cannot handle my loneliness, dawn;
Make me strong or kill me,
And shut up silently the moans of my soul
So that I find peace; so that I find calmness.

# El brillo de tus ojos

Tú tienes en el brillo de tus ojos
Ese fulgor que mata y enloquece
Que hace vibrar mi alma que parece
Que el amor que yo siento reflorece.

Luceros en el rostro de tu alma
Que alumbran en la noche mis sentidos;
Tus ojos aceleran los latidos
En este corazón que está herido.

Y por eso yo los adoro
Porque el brillo de tus ojos vale oro.
Saben llorar de pena cuando lloro
Y es por eso que ellos son mi gran tesoro.

Son de un azul brillante como el cielo
Que cubre todo el globo de la Tierra;
De ese azul del que brota en las estrellas
Cuando yo las veo brillar desde la sierra.

Y por eso yo los adoro
Y desde el fondo de mi alma yo te imploro
Que cuando esté contigo nunca cierres tus ojos
Ya que cuando no los veo los añoro.

Siento que la energía que tus ojos
Emiten desde el fondo de tu vientre
Magnetiza neuronas de mi mente;
Hoy por eso mi cuerpo vibra y siente.

No me niegues el brillo de tus ojos
Por que sin ese brillo yo me muero,
Porque sin tu presencia desespero
Y dejame decirte que te quiero.

*Julio César Alvarez*

# The Brightness Of Your Eyes

You have in the brightness of your eyes
That brilliancy that kills and turns one crazy
That makes my soul vibrates that it seems like
All the love I feel for you blossoms.
    Morning stars in the rostrum of your soul
That enlighten in the night all my senses,
Your eyes accelerate the heartbeats
In this heart, my heart, which is wounded.
    And that's why I adore them
Because the brightness of your eyes is worth gold.
They know to cry of sorrow when I cry
And that's why they are my great treasure.
    They are of a brilliant blue color as the sky
Which covers the whole planet Earth;
Of that blue that appears in the stars
When I see them shine from the sierra.
    And that's why I adore them
And from the depth of my soul I implore you
That when I am with you never close your eyes
Because when I don't see them I miss them.
    I feel that the energy that your eyes
Emit from the depth of your womb
Magnetize neurons of my mind;
That's why today my body vibrates and feels.
    Do not deny me the brightness of your eyes
Because without that brightness I die,
Because without your presence I get hopeless
And let me tell you that I love you.

# Con tu paciencia

Aunque estés a punto de estallar,
No desfallezcas;
Sigue el camino que llevas,
Calma tus penas
Con tu paciencia.
Y si tu buscas la felicidad y no la encuentras,
No te desesperes;
Sigue el camino que llevas,
Rompe tinieblas
Con tu paciencia.
Por tanta que sea la obscuridad,
No te detengas;
Sigue el camino que llevas,
Todo lo puedes
Con tu paciencia.
Si te equivocas
No te arrepientas.

# With Your Patience

Even though you are about to explode,
Do not pine away;
Follow the road that you take,
Calm your sorrows
With your patience.
And if you look for happiness you don't find,
Do not get desperate;
Follow the road that you take,
Break darkness
With your patience.
No matter how much the obscurity is,
Do not stop;
Follow the road that you take,
You can do everything
With your patience.
If you make a mistake
Do not repent.

# Señor, es tu desición

Dios, Señor del Universo:
Cuando escuches nuestras maldiciones
Y permitas que pase lo que no debe pasar
Te ruego me hagas saber el propósito de tus desiciones.
Estoy creciendo entre miseria, crimenes,
Y guerras que yo atribuyo a ti, atreviéndome a ser castigado,
Atraves de tu mano creadora y destructiva en el hombre,
Y a tus profesías.
Creo que tu gran mano
Es la causante de esas desgracias.
Pero perdoname. Yo no soy nadie para juzgarte
Porque tú escribiste nuestras vidas
Y destinos y lo advertiste todo
Muchos años antes de nuestro nacimiento.
Algunas veces pienso que todas las tragedias
Que pasan en el mundo, naturales y provocadas,
Son pruebas que tú nos mandas para probar nuestra fe
Y para volver nuestros pensamientos a ti,
Pero por favor ya no permitas que eso suceda.
Corno todo ser humano yo también estoy lleno de imperfecciones.
No soy ratero ni asesino,
Pero soy soberbio y orgulloso,
Y quizás algo rencoroso.
Pero desde hoy no iré en tu contra.
No voy a quitarte del centro de mi vida,
Por el contrario, te cederé en mi corazón
El lugar que algun día te quité.
Lo haré para reconciliarme contigo.
He sufrido muchos descalabros
Y siento que te culpo de ellos.
Comprendo que debo aceptar

El destino que tu tienes escrito para mí
De la misma forma en que tu aceptaste
El que tu padre escribió para ti:
La crucifixión de tu cuerpo y de tu alma.

Me duele pensar que todo la que me pasa,
Que todos mis grandes sufrimientos,
Sea la venganza tuya contra mí
Por lo bueno que he sido.
Porque cada vez que he hecho algo bueno,
Mal me tratan, mal me pagan,
Y así siento que me tratas tú también.

Ten un poco de piedad conmigo;
No permitas que la gente me ataque con saña.
Protégeme, aconséjame,
Dime que camino quieres que tome
Para llegar a ti.

Quiero sentir tu presencia
Hasta en el aire que respiro,
Y llene mi cuerpo de ti
Hasta en los poros de mis huesos
Para servirte y obedecerte ciegamente.

Busco arrepentirme de mis malos pensamientos
Desde el fondo de mis entrañas
Para entregarme a ti limpio de pecado.

Voy a tomar y a aceptar la vida que me des,
Pero por favor dame una oportunidad para vivir.
Te lo pido, te lo ruego, te lo mendigo;
No me abandones.

Si ya no me quieres; si alguna vez me quisiste;
Cuando me vaya al infierno de donde vine,
Al menos escribame, Señor.
Estoy esperando oir la decisión que tengas para mi vida;
Y sé que tu decisión
Será la más apropiada
Para hacerme un mejor ser humano.

# Lord, It Is Your Decision

God, Lord of the Universe:
When you hear our damnations
And allow to happen what should not happen
I beg you to let me know the purpose of your decisions.
I am growing between misery, crime,
And wars that I attribute to you, daring to be punished,
Through your creative and destructive hand in man,
And to your prophecies.
I believe that your great hand
Is what originates these disgraces.
But forgive me, I am not anybody to judge you
Because you wrote our life
And destiny and you foretold all
Many years ahead of our birth.
Sometimes I think that all the tragedies
Which happen in the world, natural and provoked(man made),
Are tests that you send us to prove our faith in you
And to turn over our thoughts to you,
But please do not allow that to happen.
Like any human being, I am full of imperfections.
I am not a robber nor a killer,
But I am arrogant and proud,
And perhaps somewhat rancorous.
But since today I will not go against you.
I will not take you off from the center of my life,
On the contrary, I will cede you in my heart
The place that one day I took away from you.
I will do it to reconcile with you.
I have suffered many misfortunes
And I feel that I blame you of them.
I understand that I should accept
The destiny that you have written for me

The same way you accepted
The destiny that your father wrote for you:
The crucifixion of your body and your soul.
    It hurts me to think that everything that happens to me,
That all my great sufferings,
Are your revenge against me
For the good person I have been,
Because each time that I have done something good,
I have been maltreated by people
And I feel that you also treat me so.
    Please show some pity to me;
Do not allow people to attack me with anger.
Protect me, counsel me,
Tell me which road you want me to take
To find you.
    I want to feel your presence
Even in the air that I breathe,
And to nourish my body of you
Even in the pores of my bones
To serve you and obey you blindly.
    I look to repent of my bad thoughts
From the depth of my entrails
To turn myself to you clean of sin.
    I will take and accept the life that you give me,
But please give me an opportunity to live.
I ask you, I beg you, I mendicate you,
Don't leave me alone.
    If you do not love me, if you once loved me;
When I return to the hell where I came from
At least write to me, Lord.
I am waiting to hear the decision that you have for my life;
And I know that your decision
Will be the most appropriate
To make me a better human being.

# El niño tiene una pena

Por las mañanas blancas de este mi pueblo
Un niño sale al campo desde temprano
Con su carita triste muy limpiecita,
Y en sus ojitos negros lleva una pena.

Ya son seis meses que él no tiene descanso;
Desde que un día una santa mujer muy buena,
La que llamaba Madre se fue del mundo
Respondiendo al llamado de un Dios cercano.

Solo y su vida el niño va destrozado
A lloriquear su dolor al viejo arroyo.
Como palomo al viento se enfrenta al mundo,
Con sus alitas rotas está vacío.

Tenemos que ayudarlo; es un huérfano;
Tenemos que quererlo y que cuidarlo;
Porque se encuentra solo, no tiene a nadie;
Porque tiene cinco años, llora una pena.

*Julio César Alvarez*

# The Child Has A Sorrow

By the white mornings of my town
A child goes to the camp since very early
With his little sad face washed thoroughly,
And with a sorrow in his black little eyes.

It has been six months that he has no rest;
Since one day a holy, tender and good woman,
The one he called Mother went away from this world
Answering the call of a nearby God.

The child goes destroyed in life alone
To whine his pain to the old brook.
Like a dove flying against the wind he confronts the world,
With broken little wings he is empty.

We have to help him out; he is an orphan;
We have to love him and to take care of him;
Because he is alone, he has nobody;
Because he is five years old, he cries a sorrow.

# La rana

La rana tiene nervios en las piernas.
¿Por qué no saltará la rana?
Porque no tiene sus piernas sanas.
Quizás ya no tiene ganas.
    Rana salta, salta,
Salta sin parar.
Salta alto, altamente,
Rana salta alegremente,
Canta, croa,
Y no detengas tu saltar.
    Tienes que seguir saltando
Por el agua y por la hierba
Y no dejes que te muerdan;
No te dejes atrapar.
    Rana verde, rana chica,
Salta, salta, salta y salta
Y piérdete en la obscuridad.

*Julio César Alvarez*

# The Frog

The frog has nerves in its legs.
Why would not jump the frog?
Because it doesn't has healthy legs.
Perhaps it doesn't wishes to jump.

Frog jump, jump,
Jump without delay.
Jump high, jump highly,
Frog jump happily,
Sing, croak,
And do not stop your jumping.

You have to continue jumping
Trough the water and the grass
And don't let anything bite you;
Don't let yourself be trapped.

Green frog, small frog,
Jump, jump, jump and jump
And get lost in the darkness.

# Con estas palabras

Con estas palabras
Hoy vengo a declararte
Mi amor de corazón.
Escúchalas mi Vida;
Escúchalas mi Cielo.
Te amo como a nadie.
Te amo sólo a ti.
Qué más puedo decirte;
Ten compasión par mí.
Te bajaré una estrella
Para alumbrar tu cuarto,
O inventaré una nube
Para hacerte el amor.
Te envolveré en mis brazos;
Te besaré los labios,
Y tocaré tu cuerpo
Con ternura y pasión.
Ya no tengo palabras;
Las ha borrado el viento;
Las ha quemado el sol.

*Julio César Alvarez*

# With These Words

With these words
I come to declare you
My love at heart.
Listen to them my Life;
Listen to them my Heaven.
I love as nobody.
I only love you.
What else can I tell you;
Feel compassion for me.
I will take down a star
To illuminate your room,
Or I will invent a cloud
To make love to you.
I will envelope you in my arms;
I will kiss your lips,
And I will touch your body
With tenderness and passion.
I have no more words;
The wind has erased them;
The sun has burnt them up.

# Ya estaba muerto

De sus ojos tristes emana un brío sombrío;
Estaba mudo, estaba frío, estaba vivo.
En su mente divagaba sin rumbo, pero aún razonaba.
Creía en Dios, en el Cristo, y en la Virgen María.
Fue un día maldito o fue un tormento,
Una avalancha, quizá un mal sueño
En el su mundo olvidado de sangre fría sin sentimientos
Cuando su cuerpo fue despreciado, agredido e insultado
De una manera tan injusta y efectiva,
Como un crimen perfecto; como un crimen que no deja huellas,
Porque una psiquiatra declaró palabras falsas sobre su salud y su vida
Que clamaban locura, paranoia, psicosis, y esquizofrenia.
Todo empezó cuando un aprendiz de doctor
Escribió en su historia médica que escuchaba "voces"
Por "chismes" de la gente envidiosa que lo rodeaba.
El doctor lo llevó con una psiquiatra
Que le recetó drogas psicotrópicas.
Ella (la psiquiatra) le recetaba pastillas para epilépticos
Que le causaban convulsiones y muchas presiones
Que lo volvían loco;
Que lo hacían golpear la cabeza contra la pared;
Y que lo ponían a pensar en el suicidio y en la muerte.
Los doctores lo usaron solamente como conejillo de Indias
Para probar si esas drogas funcionaban.
Pero cuando se negó a seguir tomando esas pastillas
La psiquiatra ordenó que lo encerraran en un Hospital Mental;
En un manicomio abandonado por Dios.
Despues que la psiquiatra dió la orden para que lo llevaran al hospital,

41

Fue aprehendido como un criminal; lo esposaron.
Cuando el policía lo llevaba a la comisaría del Sheriff,
Durante el camino le rezaba a una estampa de la Virgen de Guadalupe
Pidiéndole que lo librara de esta pesadilla
Y para mover el corazón del policía.
Pero no pasaba nada, ni un miserable milagro,
Y perdió sus valores espirituales.
Fue llevado a la cárcel, y ahí fue desnudado por otros policías.
Desde este momento ya no creía en Dios ni en la Madre de Dios.
Su vida afectiva fue destruída y árida a partir de este día.
        Si estaba vivo todos lo veían.
En su cara pálida, lánguida,
Ya no irradiaba esa sonrisa
De niño puro, inocente, y bueno.
En un instante perdió su alma.
No respondía; no se quejaba.
Estaba solo, abandonado a su suerte.
Si estaba muerto nadie sabía.
El sólo miraba a su alrededor;
Sólo escuchaba lo que la gente decía.
Lloraba por dentro; bebía lágrimas.
Callaba y sonreía; estaba atónito,
Preso, a merced de un Sistema de Leyes corrupto.
        Desesperado esperaba un milagro,
Y el policía ató esposas de hierro a sus manos otra vez
Causándole un bloqueo en un foco cerebral
De la impresión tan fuerte que recibió.
Pero ahora el Sheriff le hizo ésto (lo ordenó).
Para quitarlo del camino los doctores y la policía
Siempre negaron las verdades que él decía:
Que le tomaron fotografías desnudo mientras se estaba bañando;

Que sufrió varios atentados que pusieron su vida en peligro;
Que tenía problemas con las pastillas que tomaba;
Y que sus maestros de la Universidad vendían cocaína y heroína.

    Ellos (los doctores y la policía) sí lo entendían, sí le creían,
Pero fingían y así le hirieron su corazón, su amor propio.
El policía que sabía la verdad de su vida lloró amargamente
Pero no impidio que el Sheriff lo llevara al manicomio.
Y fue encerrado y le dieron la medicina que lo afectaba.
Y esa noche no le permitieron ver a su padre.
Estuvo ahí sólo una noche,
Pero esa noche fue suficiente para matarlo en vida
Porque ha tenido crisis emocionales
Que todavía lo afectan hasta hoy.

    Desde ese momento si estaba vivo o muerto nadie lo sabe.
Todos reían, se burlaban de él, y lo criticaban, todos,
Las autoridades policiacas, los doctores, y los locos.
Todos gozaban al verlo sufrir.
Crecía muriendo hora tras hora, después día tras día.
Todavía moría después de que su padre lo llevó a casa.

    Aún razonaba, pero ya no sentía dolor, no se quejaba.
No creía lo que le pasó y lo que le estaba pasando.
No podía creer su pesadilla.

    Estaba mudo, estaba frío, estaba aún vivo.
Emanaba un brío sombrío de sus ojos tristes
Visualizando sus manos atadas al hierro,
Que estaba sudando esquizofrenia,
Y que estaba rodeado por lodo de carne inhumana sin sentimientos.
Volvió a ser libre; volvió a creer en Dios; Él era Yo,
Pero yo ya estaba muerto.
YO ESTABA MUERTO, MUERTO, MUERTO, MUERTO (mentalmente muerto)

Y el Cristo murió por mi culpa
Porque yo les perdoné el crimen que hicieron conmigo.
   Abórtame mamá, no permitas que nazca otra vez.
   Perdóname papá por no escuchar tus consejos.
   Pisotéame más Virgen María;
Pisotéame más Dios, Padre Jesús;
Para que se manchen sus pies con mi sangre de puerco
Hasta que sientan asco de mí y se burlen de mí después.
Hasta que aniquilen mi cerebro y me vomiten también.
Sólo así podré descansar, destruído bajo sus pies.
   Cristo:
Yo te crucifiqué porque pude perdonar eso que me hicieron
PORQUE SOY INOCENTE,
PORQUE NO TENGO ESQUIZOFRENIA.
Pero porque gracias al destino la tengo, la tengo,
Y no se me va a quitar aunque me talle con el estropajo
O aunque resucites otra vez.
   Ya no oigo las voces de nadie, nunca las oí;
Ya no oigo los chismes de la gente envidiosa;
Sólo te oigo a ti, Dios.
Yo estaba muerto Señor del Universo, ya estaba muerto,
Pero pongo mi esquizofrenia en tu corona de espinas,
Es toda tuya.

# I Was Already Dead

From his sad eyes emanate a darkened brightness;
He was mute; he was cold; he was alive.
In his mind he roamed without direction. but he still reasoned.
He believed in God, in the Christ, and in the Virgin Mary.
It was a damned day or perhaps was a torment,
An avalanche, maybe a nightmare
In his forgotten world of cold blood without feelings
When his body was rejected, assaulted and insulted
Of an unjust and effective way,
Like a perfect crime; like a crime that leaves no fingerprints,
Because a psychiatrist issued some false words about his health and life
That claimed insanity, paranoia, psychosis and schizophrenia.
It all started when a novice doctor
Wrote in his medical history that he heard "voices"
For "gossips" of the envious people who surrounded him.
The doctor took him with a psychiatrist
Who prescribed him psychotoxic drugs.
She (the psychiatrist) prescribed him pills for the epileptic
Which caused him to have convulsions and many pressures
That turned him crazy;
That made him strike his head against the wall
And that put him to think in suicide and death.
The doctors used him only as a guinea pig
To experiment if those drugs worked well.
But when he decided not to continue taking those pills
The psychiatrist ordered that he be locked in a Mental Hospital;
In a madhouse abandoned by God.

After the psychiatrist gave the order to take him to the
hospital,
He was apprehended like a criminal; he was handcuffed.
When the policeman was taking him with the Sheriff
He was praying to a picture of the Virgin of Guadalupe
Asking her to free him from this horrible dream
And to move the heart of the policeman.
But nothing happened, not even a miserable miracle
And he lost his spiritual values.
He was taken to jail, and there he was denuded by other
policemen.
From this moment on he did not believed in God and the
Mother of God.
His affective life was destroyed and was arid from now on.
     If he was alive, everybody saw that.
In his pallid and languid face
He did not showed that smile
Of a pure, innocent, and good child.
In one moment he lost his soul.
He did not responded; he did not complained.
He was alone, abandoned to his destiny.
If he was dead, nobody knew.
He only looked at his surroundings;
He only heard what people said.
He cried by the inside; he drank tears.
He was shut up and smiled; he was astonished,
Locked up, and to the mercy of a corrupt System of Law.
     Desperate he expected a miracle,
And the policeman put handcuffs of steel on his hands again
Causing him a shock in a cerebral core
Of the strong impression that he received.
But now the Sheriff made this to him (He ordered it).
To take him out of the way the doctors and the police
Always denied the truth that he said:

That someone took pictures of him naked while he was taking a shower;

That he suffered several assaults that endangered his life;

That he had problems with the pills he was taking;

And that his teachers at the University sold cocaine and heroine.

They (the doctors and the police) understood him; they believed in him,

But they feigned and so they hurt his heart, his self esteem.

One policeman who knew the truth about his life cried bitterly

But he did not impeded that the Sheriff took him to the madhouse.

He was locked up and given the medication which affected him.

And that night he was not allowed to see his father.

He was there only one night,

But that night was enough to kill him for life

Because he caught a big emotional crisis

That is affecting him until today.

From that moment on if he was alive or dead nobody knows.

Everybody laughed, made fun of him, and criticized him; everybody,

The Police authorities, the doctors, and the mentally ill.

Everybody enjoyed when they saw him suffer.

He was growing dying hour by hour, then day by day.

He was still dying after his father took him home.

He still reasoned, but he did not feel pain; he did not complain.

He did not believed what happened and what was happening to him.

He could not believe his nightmare.

He was mute; he was cold; he was still alive.

He emanated a darkened brightness from his sad eyes.

He imagined that his hands were tied with steely handcuffs,
That he was sweating schizophrenia,
And that he was surrounded by mud of inhuman flesh
without feelings.
He got to be free; he believed in God again. He was I,
But I was already dead.
I WAS DEAD, DEAD, DEAD, DEAD (mentally dead)
And the Christ died for my fault
Because I forgave the crime they did to me.

> Abort me mother, do not allow me to be born again
> Forgive me father for not listening to your counsel.
> Step on me more Virgin Mary;

Step on me more God, Father Jesus;
So that you stain your feet with my pig's blood
Until you feel nausea and make fun of me afterwards.
Until you annihilate my brain and vomit me too.
Only so I will be able to rest, destroyed under your feet.

> Christ:

I crucified you because I could forgive what they did to me
BECAUSE I AM INNOCENT,
BECAUSE I DON'T HAVE SCHIZOPHRENIA.
But thanks to destiny, I have it, I have it,
And I would not take it off even if I wash with a scrub
Or if you raise from the dead again.

> I hear the voices of nobody; I never heard them;

I don't hear the gossips of the envious people anymore;
I only hear you, God.
I was dead, Lord of the Universe; I was already dead,
But I put my schizophrenia on your crown of thorns,
It is all yours.

# Tu voz

¡Oh Señor que estás en lo alto!
Mira como estoy pagando
Y sufriendo este tormento.
Necesito que tu estés aquí
Para consolarme un poco más
Porque estoy a punto de estallar.

Es tu voz gran alimento
Que proviene del aliento
Que me das para sobrevivir;
Que toca mi alma y mi corazón
Porque yo he sentido el perdón
Que este día a ti te pedí.

Y desde hoy yo reconozco
Que tu eres el arquitecto
De mi fuerza y de mi gran fe;
Tu voz sembrará una semilla
De amor puro por todo mi cuerpo
Que brote en mi alma al atardecer.

*Julio César Alvarez*

# Your Voice

Oh Lord who are in the heights!
Look how I am paying
And suffering this torture.
I need that you come with me
To console me a little more
Because I am about to explode.

Is your voice a great nutriment
That comes from the breaths
That you give me to survive;
That touches my soul and my heart
Because I had feel the pardon
That this day I asked you for.

And since today I recognize
That you are the architect
Of my strength and my great faith;
Your voice will scatter a seed
Of pure love throughout my body
That blossoms in my soul towards the evening.

# Mi pequeñuelo

Para mi hijo
Que aún no nace
Yo le dedico este poema
De amor sincero, sencillo y puro.
    Mi pequeñuelo…
Se mueve y llora
Dentro del vientre que le da vida.
    Da una patada
Cuando el escucha
Que yo le canto.
    Yo no lo he visto,
Pero el es mío,
Lo adoro tanto.
    Quiero que nazca
Para besarlo, alimentarlo,
Para cuidarlo.

*Julio César Alvarez*

# My Very Little

   For my child
Who still does not born
I dedicate him this little poem
Of pure, sincere, and simple love.
   My very little…
He moves and cries
Inside the womb that gives him life.
   He gives a kick
Whenever he hears
That I sing to him.
   I have not seen him,
But he is mine,
And I adore him so much.
   I want him to be born
To kiss him, to feed him,
To take care of him.

# Ángel

Nunca sabré decir si ví a un ángel.
¿Cómo podré explicar su hermosura?
Siento en su caminar la ternura
De un gran ser irreal de alma pura
Irradiando un fulgor de dulzura.

Ángel, ángel, ángel de mi amor
Toca, toca, mi triste corazón.
Ángel, ángel canta una canción
Que despierte el alma de una flor.

El ruidito de tu caminar trae consigo la felicidad,
Pero cuando te quise mirar
Te escondiste de mí y te echaste a volar.

Nunca sabré decir si ví a un ángel.
¿Cómo podré explicar su belleza?
Puede ser un ser de la realeza
Que se cubrió tras de la maleza
O se escondió bajo de la mesa.

Ángel, ángel, ángel de mi amor
Dime por qué no quieres que te vea.
Ángel, ángel, canta una canción
Cántame, cántame, "La Odisea."

El ruidito de tu caminar te delata en la obscuridad,
Pero cuando yo encendí la luz
Pude ver que escapaste con una cruz.

No te vayas, no me tengas miedo.
Aunque no te conozco, te quiero;
Vuelve, vuelve, que sin ti me muero;
Tu traes la paz que yo tanto espero.

# Angel

I will never be able to say if I saw an angel.
How can I explain her beauty?
I feel in her way of walking the tenderness
Of a great unreal being of pure soul
Radiating a brilliancy of sweetness.
>   Angel, angel, angel of my love
>   Touch, touch my sad heart.
>   Angel, angel, sing a song
>   That awakens a flower's soul.
>   The slight noise of your walking brings happiness on
>   itself,
But when I tried to look upon you
You hid away from me and started to fly.
>   I will never be able to say if I saw an angel.
How can I explain her beauty?
She could be a being from the royalty
Who covered herself behind the weeds
Or who hide away under the table.
>   Angel, angel, angel of my love
>   Tell me why you don't want me to see you.
>   Angel, angel, sing a song
>   Sing to me, sing to me "The Odyssey."
>   The slight noise of your walking makes you present in
>   the darkness,
But when I turned the lights on
I could see that you escaped with a cross.
>   Don't go away; don't be afraid of me.
Even though I don't know you, I love you;
Come back, come back, that I die without you;
You bring the peace that I hope for so much to have.

# Hombre animal

Hombre que has perdido los sentidos,
Nunca olvides fiel amigo
Lo que fuiste,
Lo que eres y serás.
Ten piedad contigo mismo;
No te hieras;
No nos hieras,
Ten bondad.
Hombre, tú que pisas nuestras pobres vidas,
Ten paciencia, inteligencia,
No derrames
Sangre, odio, y tempestad;
Ten piedad contigo mismo;
No te mueras:
No nos mates,
Animal.

*Julio César Alvarez*

# Stupid Man

Man, if you have lost your judgment,
Never forget my faithful friend
What you were,
What you are and what you will be.
Have pity with yourself;
Do not wound yourself;
Do not wound us,
Be kind.
Man, if you step on our poor lives,
Have patience, intelligence,
Do not spread
Blood, hate and tempest;
Have pity with yourself;
Do not die;
Do not kill us,
Stupid.

# Estruendomudo

Desde el infinito de mi abdomen,
Escucho las voces de una sensación del alma
Que se transforman en un estruendomudo
Que me provocan un profundo suspiro que trae calma.
    Voces que tiemblan en una palma (palma de la mano)
Siguiendo el eco profundo de mis pensamientos
Que atrapan destellos de un "botón" pequeño, triste y solo
(pene)
Con mucho sentimiento y despiertan mi cuerpo.
    El "botón" atrapado por las voces, en sus pequeñeces,
    es lo más pequeño;
En sus tristezas es apasionado;
Y en la obscuridad está acompañado
De una sombra suave que se desliza
A través de los dedos de la palma
Que aprisiona el "botón" con ternura infinita
Y me ayuda a dicernir la duda y la dicha.
    Es un "botón" que busca la Vida,
Que envuelve mis sentidos en un gran universo
De sueños inconclusos, de momentos
Que en un estruendomudo juega al amor en verso.
    Voces que juegan con el "botón" al amor limpio
Con ingenuidad, humildad, fervor y dulzura,
Que mueven todo el odio que yo siento
Por mi cuerpo vacío que no encuentra la ternura.

*Julio César Alvarez*

# Mute Turmoil

From the most infinite place of my abdomen,
I hear the voices of a sensation of my soul
That turn themselves into a mute turmoil
That causes me to have a deep breath which brings calm.
    Voices that tremble in a palm (palm of hand)
Following the deep echo of my thoughts
That trap sparkles of a lonely, little and sad "button" (penis)
With a great feeling and wake up my body.
    The "button" trapped by the voices is insignificant;
In its sadness is passionate;
And in the darkness is accompanied
By a smooth shadow that slides
Through the fingers of the palm
That when it (shadow) presses the "button" with infinite fondness
Helps me discern doubt and happiness.
    It is a "button" that looks for Life,
That envelopes my senses in a great universe
Of unfinished dreams, and of moments
That in a mute turmoil plays to make love in a verse.
    Voices that play with the "button" to make clean love
With ingenuousness, humility, fervor and sweetness
Which move all the hate that I feel
For my empty body that still don't find fondness.

# Deja de llorar mi Vida

Deja de llorar mi Vida;
Deja de llorar mi Amor.
Yo quiero curar la herida
Que te produce dolor.
Con un poco de mi vida,
Yo quiero llenar tu ser.
No me niegues tú tu vida,
Quiero darte mi querer.

Deja de llorar mi Vida;
Deja de llorar mi Amor.
Por ti soy capaz de todo
Para darte lo mejor.
Si tu tienes una pena,
Tienes un amigo en mí;
Sólo cuentame el problema,
Cuentame acerca de ti.

Deja de llorar mi Vida;
Deja de llorar mi Amor.
Si el tiempo lo borra todo,
En ese tiempo estoy yo.

*Julio César Alvarez*

# Stop Crying My Life

Stop crying my Life;
Stop crying my Love.
I want to heal the wound
That is causing you pain.
With a little of my life,
I want to fill in your being.
Do not deny me your life,
I want to give you all my love.
Stop crying my Life
Stop crying my Love.
For you I will do anything
To give you the best.
If you ever have a sorrow,
You can count a friend in me;
Just tell me about your problem,
Just tell me about yourself.
Stop crying my Life;
Stop crying my Love.
If time erases all,
I am in that time.

# Mi temor

No puedo mentirme más. Tengo miedo al fracaso.
Soy hasta hoy un inseguro,
Un nervioso que pierde poco a poco los sentidos.
Creo que hasta puedo volverme loco y presiento que así será.

Hay algunas veces en que no sé lo que soy, hombre o bestia,
Pero sé que soy el único constructor o destructor de mi vida,
Por eso tengo temor, porque puedo equivocarme.
¿Seré un gran arquitecto? o
¿Tendré gran estupidez de pensamiento?
¡Ya basta conciencia! Es hara de dormir;
Dejame solo; dejame en paz;
Tengo que dejar de verte en este espejo,
Dejar de verme yo mismo para poder descansar tranquilo.

Imagen, voy a tirarte a la basura,
Quizás sin ti mi vida mejore un poco, un grano de trigo,
Y mis temores se esfumen, y se pierdan en la obscuridad de mi cuarto.
Mañana me pondre otra máscara para cubrir nuestra cara,
Y espero que esta sea una máscara que me otorgue
La seguridad que necesito y me convierta en ganador en la vida.
Lo dudo mucho que pase, pero que mas da,
Soñar no cuesta nada.
Aunque quizás la mejor que pueda pasarme sea morirme.
Morir hasta no sentir el recorrido de la sangre por mis venas o
Morir mentalmente, por dentro, la peor de las muertes,
Pero al mismo tiempo morir con mi temor.

¡Basta paranoico! Ya no pienses más. Sería mejor
Que pusieras tu mente a descansar.

Ya no seas tan negativo, tan esquizofrénico, tan
desenfrenado.
Buenas noches imagen, Buenas noches conciencia.
Duerme y sueña con los ángeles del cielo;
La vida empieza mañana otra vez para los dos,
Aunque tú o yo cometamos otro error.

# My Fear

I can lie to myself no more. I am afraid to fail.
I am until today an insecure,
A nervous person who is losing his senses little by little.
I perceive I can turn crazy and I think I will become so.
Sometimes I don't even know what I am, a man or a beast,
Because I know that I am the only builder or destroyer of my life,
That's why I have fear because I can make a mistake.
Would I be a great architect? or
Would I have a great stupidity of thought?
It's enough conscience! It is time to sleep;
Leave me alone, leave me in peace;
I have to stop looking you in this mirror,
To stop looking myself to be able to rest tranquil.
Image, I will throw you to the garbage,
Maybe without you my life improves a little, a grain of wheat,
And my fears disappear, and get lost in the darkness of my room.
Tomorrow I will use another mask to cover our face,
And I hope that this mask be the one that gives me
The security that I need and that makes me a winner in life.
I doubt that this happens, but what's the matter,
Dreaming does not cost anything.
Maybe the best that could happen to me would be if I die.
Dying until not feeling the passage of blood through my veins or
Dying mentally, in my inside, and suffering the worst of deaths,
But, at the same time, dying with my fear.
Stop paranoic! Think no more. It would be best for you
If you put your mind to rest.

*Julio César Alvarez*

Don't be so negative, so schizophrenic, so unbridled.
Good night image. Good night conscience.
Sleep and dream with the angels of heaven:
Life starts tomorrow for the two of us again,
Even if you or I make another mistake.

# Lágrima encendida

Lágrima encendida, canta, grita tus penas.
¡Oh lágrima salada que brota, oscurre y quema!
¿Quiénes fueron los ojos que se atrevieron a llorarte?
Si no lo sabes
Buscalos sin descanso y bendícelos.

Lágrima que mojas los cauces de mi rostro
Dejando huellas de pesares
¿Por qué me dejas de esa manera tan inesperada?
Eres lágrima ladrona de suspiros de oxígeno,
Ladrona de momentos, de sentimientos,
De debilidades y de ingenuidades
En este mi corazón pequeño,
Que aunque esta hecho de roca dura y carne
Lo vuelves vulnerable con tus aguas.

Lágrima que callas, detente,
Dejame gozar con el dolor que tu causas;
Dejame sentir tu fresco ardor de agua pura y clara.
¡Oh lágrima salada!
No robes la poco bueno que hay en mí
Yo te lo doy.

*Julio César Alvarez*

# Burning Tear

Burning tear, sing, yell your grief.
Oh salty tear that buds, rushes out, and burns!
Who were the eyes that dared to cry you?
If you don't know it
Look for them without rest and bless them.
Tear that wet the trenches of my face
Leaving traces of sorrows
Why do you leave me in this so unexpected way?
You are a tear thief of breaths of oxygen,
Thief of moments, of feelings,
Of weaknesses and of ingenuousness
In this, my small heart,
That even though it is done of hard rock and flesh
You turn it vulnerable with your water.
Tear that goes silently, stop,
Let me enjoy the pain that you cause;
Let me feel your fresh ardor of clear and pure water.
Oh salty tear!
Do not steal the little good that there is inside me
I will give it to you.

# Aquellos días

Nunca podré olvidar
Aquellos duros momentos de crisis familiares.
Mis hermanos y yo
Estabamos viviendo en "las nubes de algodón" o
Lo que es la mismo, fuera de la realidad,
Mientras mis padres sufrían
La cruda realidad de la vida;
Estaban sin trabajo; sin dinero para pagar las deudas.
Pero a nosotros, sus hijos, todo nos daban
Y nunca nada nos faltaba.
¡Qué sacrificio han hecho ellos!
Nos han mantenido hasta ser adultos coma si fueramos
reyes.
¡Bendito y alabado seas Dios!
De pronto escuché gritos, insultos;
Las discuciones entre mis padres eran más comunes.
La vida en casa era insoportable.
La separación del hogar estaba a la puerta de la esquina;
La palpaba a cada instante; la sentía venir.
Yo rezaba par la salud entre nosotros, par la unión,
Y par la estabilidad de la familia, pero no pasaba nada.
La devaluación del peso de México era más fuerte,
Y la situación económica era crítica.
Hasta hoy, a mis veintitantos años,
No he ayudado a mis padres.
Ni siquiera he traído a casa una migaja de pan
Mucho menos los he ayudado con dinero.
Y yo estoy viviendo aún como un Príncipe;
Corno un gusano parásito al que le dan de comer en la boca.
Se apaga la esperanza dentro de mí;
Las cosas no parecen que vayan a mejorar.
Los días pasan y la crisis económica sigue su marcha
Y parece que no va a terminar,

¡Maldito seas 1982! Año maldito. Te robaste nuestro dinero,
Destruiste todos nuestros sueños, nos trajiste lágrimas,
Y nos hiciste mas viejos en tan sólo unos días.
Nos mataste en vida. Te odio; te detesto.
    La devaluación del peso me quema los sesos.
Me mata; me consume;
Mis nervios empiezan a estallar.
Yo quiero gritar estas palabras
Que tengo atravezadas en mi garganta.
    Perdoname, Papá
    Perdoname, Mamá
Yo tuve la culpa de la devaluación del peso;
Yo tuve la culpa de lo que nos pasó
Porque fue por mí que venimos a los Estados Unidos;
Porque por mi culpa hice que ustedes (mis padres)
Gastaran en mí, en mi educación, hasta el último centavo
Del poco dinero que recuperaron del Banco de México
Después de la devaluación,
¡Dios mío! ¿Por qué permitiste que yo naciera?
    Hay voy a apagar la vela que controla
La luz de mi existencia.
Venderé mi sangre al Diablo para cambiar nuestras vidas.
No sé qué hacer; no supe qué hacer.
    A algunos años de distancia las cosas han cambiado un
    poco.
Nuestra familia sigue unida, pero las deudas siguen vivas.
Siempre recordaré Aquellos días de ese maldito año
Y de los tres años que siguieron
Para morirme de la vergüenza.

# Those Days

I will never forget
Those hard moments of family crisis.
My brothers and I
Were living on "the cotton clouds" or
What it is to say, out of reality,
While my parents suffered
The crude reality of life;
They were jobless; without money to pay for debts.
But to us, their sons, gave us all
And we never lacked anything.
What a sacrifice they have done!
They have supported us until being adults as if we were kings.
Blessed and praised be the Lord!
Suddenly, I heard loud voices, insults;
The quarrels between my parents were common.
Life at home was unbearable.
The breakage of my family was at stake;
I perceived it coming at each moment that passed by.
I prayed for the health of us, for the union,
And for the stability of the family, but nothing happened.
The peso devaluation of Mexico was stronger,
And the economic situation was critical.
Until today, at my twenty and some more years,
I have not helped my parents.
I have not even brought home a small crumb of bread
Much less not helped them giving them money.
And I am still living like a Prince;
Like a parasite worm that is still fed in the mouth.
Hope diminishes inside of me;
Things do not seem that will get better.
The days pass by and the economic crisis continues
And seems not to stop.

May you be damned 1982! Damned year. You took away
our money,
Destroyed all our dreams, brought us tears,
And made us older in just a few days.
You killed us in life. l hate you; I abhor you.
    The peso devaluation burns my brains.
It kills me; it consumes me;
My nerves will start to explode.
I want to yell these words
That I have stuck in my throat.
    Forgive me, Father
    Forgive me, Mother
It was my fault of the peso devaluation;
It was my fault of what happened to us
Because I was the main reason for which we came to the
United States;
Because it was my fault that you (my parents)
Spent on me, on my education, till the last cent
Of the little money that you got back from the Bank of
Mexico
After the peso devaluation.
Oh my God! Why did you allow me to be born?
    Today I will blow out the candle that controls
The light of my existence.
I will sell my blood to the Devil to change our lives.
I don't know what to do; I did not know what to do.
    Some years later, things have changed a little.
Our family is still united, but our debts are still alive.
I will always remember Those Days of that damned year
And of the three years that followed afterwards
To die of shame.

# Distancia

¡Ah cómo sufro distancia!
Extraño mucho a mi pueblo
Desde este lugar lejano
Que me hace sentir perdido.
Quisiera volver a verlo;
Regresar a él otra vez.

Me viste crecer temprano
Desde que yo fuí pequeño;
Terruño de mis amores,
Cuna que me dió la vida
Con alegrías inmensas
Y desventuras con penas.

Distancia que me separas
De mi gran cielo nublado,
Si tu supieras que lloro,
No sabes como yo llamo
A mi pueblo tan querido
Hasta cuando estoy dormido.

Yo abandoné los paisajes,
Mi casa, mujer e hijos,
Par culpa de un mal gobiemo
Que me ha quitado a mi pueblo.
No me condenes, Distancia
A vivir en el exilio.

*Julio César Alvarez*

# Distance

Oh how I am suffering distance!
I miss my town so much
From this so distant place
That makes me feel lost.
I would like to see it
And to return to it again.
You saw me to grow up early
Since I was very little;
Piece of ground of my love,
Cradle that gave me life
With immense happiness
And misfortune with sorrows.
Distance that takes me away
From my great cloudy sky,
If you would know how I cry,
You don't know how 1 call
My so dear town
Even when I am sleeping.
I abandoned the landscapes,
My house, wife and sons,
Because of an evil government
That has taken my town away from me.
Do not condemn me Distance
To live in exile.

# Lo que no quieres ver

Desde este remoto rincón
Percibo un clima muy cruel;
Hay un árido, árido amor
Que peor más no es.
Estoy atrapado en un mundo ajeno (una vagina)
Y mudo estoy de terror.
Quisiera gritar; no tengo voz;
No quiero morir. ¡oh Dios!
Mis días están señalados
Pero aun tengo fe;
Soy una célula hoy (embrión viviente)
Mañana...¿ viviré?
Si ayer fuí sombra, hoy soy luz.
Si ayer fuí espíritu, hoy soy cuerpo.
Si nada fuí, hoy vibro.
Si hoy soy luz y cuerpo y vibro
¿Morir debo yo? ¿merezco morir?
A ti quien diste tu amor
O a ti quien hombre humilló,
Cegada estás de dolor, mujer;
Entiendo tu padecer.
No vengo a ti porque quiero,
Lo sabes muy bien.
Bien se lo que mucho sufres,
Y lloras a más no poder.
Si tú (madre) de dolor te quejas
O heridas de amor tú sientes,
Mírate al espejo por sólo una vez
Y preguntate a ti misma

¿Asesina quieres ser?

Mis días están señalados
Pero aun tengo fe,

Soy una blástula hoy,
Mañana…¿viviré?
    No ves como vivo y siento
Tu cruel amenaza,
Ni ves como tiemblo
A tu tal descoraza.
    No merezco nada
Ni te acusaré
Puesto muy bien sé
Que nací de la nada.
    Conozco tus pensamientos
Sin tú saber lo que siento,
Pues vivo dentro de ti
Y así olvidado perezco.
    Vengo a este mundo callado,
Y así callado me voy
Porque tu no me deseaste
Corno te deseo yo hoy.
    Yo imploro, yo ruego, me dejes soñar
En luz, en silencio, o en la obscuridad.
Sé bien que mis noches muy cortas serán
Y así tú derroches de vida tendrás.
    Mas algo hay muy hondo
Que aun tú no ves
Que está dentro de ti
¡Amor de mujer!
Que sientes, que olvidas,
Que no quieres tener,
¡Tan solo es la vida
Que estoy par perder!
    Veo una alba paloma volando la mar
Llevando en su pico la negra señal;
Volando los cielos a nunca parar
Dando mis lamentos al Ser Celestial.
    Mis días están señalados

Ya no tengo fe.
Soy un ser humano hoy;
Mañana ya no la seré.
 No habrá más vergüenza para ti
¡Oh Madre querida!
Y perdoname
Si traigo a tu vida
Violentos tormentos;
Dolor sin placer.
 No sabes cuanto te quiero
Aun sin verte a la cara.
Quitarme la vida espero
No te haga muy desgraciada.
Por eso tan sólo te ruego
Pensar lo que quieres hacer,
 Sólo hay una luz que lleva al sendero
Y sin esa luz ciego yo me quedo.
No tendré yo ojos que pudieran ver,
Pues para mañana no palpitaré.
Ya no viviré; nunca jugaré si tu me abortas.
Yo tan sólo soy
Lo que no quieres ver.

*Julio César Alvarez*

# What You Don't Want To See

From this remote corner
I perceive a very cruel climate;
There is an arid, arid love
That cannot be worse.
   I am trapped in a foreign world (a womb)
And I am mute of terror.
I would like to scream; 1 don't have voice;
I don't want to die. Oh God!
   My days are counted
But I still have faith;
I am a cell today (living embryo)
Tomorrow... Would I be alive?
   If yesterday I was a shadow, today I am light.
If yesterday I was a spirit, today I am a body.
If I was nothing, today I vibrate.
If today I am light and body and I vibrate
Shall I die? Do I deserve to die?
   You whom gave your love
Or you whom a man humiliated,
Blinded of pain you are, woman;
I understand your suffering.
   I don't come to you because I want,
You know it very well.
I know well how much you are suffering;
You are crying too much.
   If you (mother) of pain complain
Or if wounds of love you feel,
Look yourself in the mirror only once
And ask yourself
A killer you want to be?
   My days are counted
But I still have faith,
I am a blastula today,

Tomorrow…Would I be alive?
You don't see how I feel
Your cruel menace,
Nor you see how I am shaking
To your cruel dishearten.
I don't deserve anything
Nor I will accuse you
For I know well
That I was born from nothing.
I know your thoughts
Without you knowing what I feel,
For I live inside you
And so forgotten I die.
I come to this world so silently,
And so silently I will depart
Because you do not wish me
The way I wish you today.
I implore, I beg, that you let me dream
In light, silence, or darkness.
I know well that my nights so short will be
And so you will have plenty of life to live.
But there is something very deep
That you still don't see
That is inside of you
Oh my dear Mother!
That you feel, that you forget,
That you don't want to have,
It is just the life
I am about to lose!
I see a white dove flying across the sea
Taking on its beak the black sign;
Flying the skies without stopping
Giving my laments to God.
My days are counted
I have faith no more.

*Julio César Alvarez*

I am a human being today;
Tomorrow 1 will not be it anymore.
There would not be more shame for you
Oh my dear Mother!
And forgive me
If I bring to your life
Violent torments;
Pain without pleasure.
You don't know how much I love you
Even though I have not seen your face.
Taking my life away I hope
Will not make you feel disgraced.
That's why I only beg you
To think what you want to do.
There is only one light that takes to the path
And without that light I become blind.
I would not have eyes that could see,
So for tomorrow my heart will not beat.
I will not live; I will never play if you abort me.
I am only
What you don't want to see.

# El caracol

El caracol se mueve,
Se arrastra, se encierra,
Se esconde bajo su concha.
¿Tendrá miedo? ¿tendra tristeza?
Tiene pena.
Caracol,
Quitate esa careta que te impide ver.
Sal de tu concha,
Sal de tu casa,
Sal de tu tumba,
No comprendo tu proceder.
Sin hablar con las flores, mudo vas
Aunque el peligro te aceche.
Acaso callas
Porque sientes la vergüenza
Mucho mas que la gente.
Caracol de mil colores
Sigue adelante por el camino al sol;
Vive y no te condenes a morir.
Te admiro.
Quisiera ser sencillo;
Quisiera ser caracol.

*Julio César Alvarez*

# The Snail

The snail moves,
Drags down, locks,
Hides under its shell.
Is it afraid? Is it sad?
It has shame.
Snail,
Take off that mask that don't let you see.
Get out from your shell,
Get out from your home,
Get out from your tomb,
I don't comprehend your acting that way.
Without talking to the flowers, mute you go
Even though danger menaces you.
Maybe you go shut up
Because you feel shame
Much more than people feel it.
Snail of one thousand colors
Go straight ahead and follow the pathway to the sun:
Live and don't condemn yourself to die.
I admire you.
I would like to be simple;
I would like to be a snail.

# Te esperaré

Te esperaré aunque
Lejos tú te vayas de mí;
Yo sufriré cuando tú
Me dejes solo aquí.
Yo no te pido que me des explicación,
Aunque yo espero recibir tu perdón.

Bien se que malo fuí;
No lo niego
Porque negarlo
Es negarme a mí (mi existencia), y no debo.

No sé como volver
A empezar todo de nuevo
Porque ahora sé
Que es a ti a quien yo quiero.

Dame una oportunidad para probarte que estoy
arrepentido;
Oh dulce amor que vuelas al llorar,
Sufriedo mi apatía, indinferencia y deslealtad;
Estaba yo cegado y no pude ver
Que estaba yo matando nuestro gran querer.

Lamento tanto lo que te hice sufrir
Y bien merezco que te alejes tu de mí;
Yo no te pido que me des explicación,
Aunque yo espero recibir tu perdón.

Aunque lejos tu te vayas de mí,
Yo te esperaré.

*Julio César Alvarez*

# I Will Wait For You

I will wait for you even though
Far away you go from me;
I will suffer when you
Leave me alone here.
I do not ask you that you give me an explanation,
But I hope to receive your pardon.
        I know that I was mean to you;
I don't deny it
Because denying it
Is denying myself (my existence), and I must not do it.
        I don't know how to begin
To begin everything again
Because now I know
That it is you whom I love.
        Give me an opportunity to prove to you that I am
        repented;
Oh my sweet love who are going away from me crying,
Suffering my apathy, indifference and unfaithfulness;
I was blinded and I could not see
That I was killing our great love.
        I lament so much what I made you suffer
And I well deserve that far away you go from me;
I do not ask you that you give me an explanation,
But I hope to receive your pardon.
        Even though far away you go from me,
I will wait for you.

# Para poder vivir

Para poder vivir…
Necesito una mañana;
Necesito tu cantar;
Necesito un instante
Para poder despertar
De este sueño tan profundo,
De este sueño tan mortal.
Para poder vivir…
Necesito una rosa,
Un amigo en quien confiar,
Un trocito de tu vida,
Un pedazo de tu paz;
Algo que sea eterno;
Algo que pueda guardar,
Y en cada beso que te he dado
En cada encuentro,
Te he deseado.
Tocaste a mi puerta;
Pasaste a mi casa;
Te invité a quedarte,
Después te marchaste.
Te fuiste lejos
Sin decirme a donde
Llevandote mi alma.
Yo no sé si tu me quieras;
Yo no sé que pasará,
Pero si te llevas mi alma
Al menos traeme la felicidad
Que yo busco enloquecido;
Que yo no puedo encontrar.
Sabes bien que soy sincero;
Que no tengo vanidad;
Que yo estoy enamorado

*Julio César Alvarez*

No lo puedo remediar,
Y este sueño tan profundo
Es lo que me va a matar.
    Ya no habrá quien me despierte;
No habrá quien me cantará.
Si te marchas y no vuelves
Mi vida se acabará
Y los besos que me diste
Al viento se perderán.
    Y en cada beso que te he dado
En cada encuentro,
Te he deseado.
Te miro a lo lejos
Por ese camino
Que tú ya has tomado.
Es el destino
Que me ha destrozado.
Y yo te lloro
Pues siempre te he amado.
    Para poder vivir…
Para poder vivir.

# To Be Able To Live

    To be able to live…
I need one morning;
I need your singing;
I need a moment
To be able to wake up
From this so deep dream,
From this so mortal dream.
    To be able to live…
I need a wild rose,
A friend whom I can trust,
A little bit of your life,
A little piece of your peace;
Something that could be eternal;
Something that I may keep.
    And in each kiss I had given you
In each one of our encounters,
I had wished you.
You knocked at my door;
You passed to my house;
I invited you to stay,
Then you went away.
You went far away
Without telling me where to go
Taking my soul with you.
    I don't know if you would love me;
I don't know what would happen,
But if you take my soul with you
At least bring me the happiness
That I am looking for maddened;
That I am unable to find.
    You know well that I am sincere;
That I don't have vanity;
That I am in love

I cannot remedy it,
And this so deep dream
Is what is going to kill me.
There would be no one who awakens me;
There would be no one who will sing to me.
If you go away and don't come back
My life will terminate
And the kisses that you gave me
To the wind will get lost.
And in each kiss I had given you
In each one of our encounters,
I had wished you.
I look at you from far away
By that road
That you have taken.
Is destiny
Which has destroyed me.
And I cry for you
Because I have always loved you.
To be able to live…
To be able to live.

# Te escribiré algún día

Te escribiré algún día
Una canción de amor
Que hable de los dos…
Y pasaré las horas
Cantandola con pasión.
Incluiré en su letra
Un cántico romántico
Que llene nuestros cuerpos
De luz y de candor.
Amada mía,
Toma mi humilde flor,
Abre mi inspiración,
Y con tu gran cariño
Habla a mi corazón.
Te escribiré algún día
Una bella poesía
De una suave melodía
Con todas las fantasías
Que tu me inspiras, Amor.

*Julio César Alvarez*

# I Will Write You One Day

I will write you one day
A song of love
That speaks of both of us…
And I will spend the hours
Singing it with passion.
I will include in its letter
A romantic chant
That nourishes our bodies
Of light and candor.
My loved one,
Please take my humble flower,
Open my inspiration,
And with your great fondness
Talk to my heart.
I will write you one day
A beautiful poesy
Of a smooth melody
With all the fantasies
That you inspire me, Love.

# Nadie sabe

Nadie sabe
Que yo vivo enclaustrado
Dentro de la soledad de mi cuarto.
Nadie sabe
Que yo sufro tanto, tanto,
Por no tener libertad.
Soy víctima de una guerra
Que nunca va a terminar,
Que sucede aquí en mi tierra
Que a mi alma va a matar.
Ya han pasado varios años
Desde que yo veo pasar,
Hora a hara
Día a día
A cada instante
Lágrimas en mi pesar,
Lágrimas en mi pesar,
De ojos tristes que al llorar
Mueren sin saber mirar.
Y yo me digo a mí mismo
Llora, llora,
Llora, níño, sin parar,
Desahoga tu dolor; desahoga tu pesar.

*Julio César Alvarez*

# Nobody Knows

Nobody knows
That I live cloistered
Inside the loneliness of my room.
Nobody knows
That I suffer so much, so much,
For not having liberty.
I am a victim of a war
That will never end.
That happens here in my land
That my soul is going to kill.
It has been several years
Since I have seen passing,
Hour by hour
Day by day
At each moment
Tears in my sorrow,
Tears in my sorrow,
Tears of sad eyes that when they cry
Die without knowing to see.
And I tell to myself
Cry, cry,
Cry, child, without stopping,
Ease your pain; ease your sorrow.

# En estos momentos...

En estos momentos...mi cabeza piensa tonterías
Y tengo la suerte de escribirlas.
Sueño despierto y pienso en lo grotesco,
Lo ridículo, lo improbable, y lo imposible.
En el profundo vientre de una mariposa;
En una avalancha de hielo ardiente que acaricia mi alma;
En un dulce venado atravezado par una flecha asesina
Con su corazón sangrando, pero cantando su dolor;
En que yo venzo la esquizofrenia y salgo de la mediocridad;
En que me ubico en la realidad;
En vivir y dejar de matar emocionalmente a las personas
que me rodean
Con mis desenfrenadas ideas;
En que Dios me perdona, me abraza y me besa;
En fantasías inexistentes que existen en mi conciencia
Y que no necesitan palabras para ser descritas.
Mi cabeza piensa que este mundo es un asco.
Mundo inmundo,
Mundo loco, mundo cruel,
Mundo mudo, acusador,
Mundo obtuso, trepador,
Mundo malo, matador.
Mi cabeza piensa que no piensa la que piensa;
Yo tampoco me entiendo. ¡Qué bueno! ledo, ledo.

*Julio César Alvarez*

# At This Moment...

At this moment...my head thinks foolishness
And I am lucky enough to write them.
I dream awake and I think in the grotesque,
Ridicule, improbable, and impossible.
I think in the deep womb of a butterfly;
In an avalanche of ardent ice that caresses my soul;
In a sweet deer wounded by a killer arrow
With its heart bleeding, but singing its pain,
In the fact that I may defeat my schizophrenia and get out
from mediocrity;
In that I turn myself to reality;
In living and stop killing emotionally the persons who
surround me
With my wild ideas;
In that God forgives me, embraces me and kisses me;
In fantasies that do not exist but that exist in my conscience
And that do not need words to be described.
My head thinks that this world is nausea.
Filthy world,
Crazy world, cruel world,
Mute world, accuser,
Obtuse world, climber,
Evil world, killer.
My head thinks it doesn't thinks what it thinks;
I don't even understand myself. That's good! I am a goofy.

# Te juré amor eterno

Mis ojos que te vieron se llenaron de gozo
Al verte toda bella llena de luz y vida.
Te ví sólo un momento y fue maravilloso,
Tú despertaste en mí mi alma dormida.

Fue en la cafetería de aquella nuestra escuela
Cuando comiendo cruzamos las miradas.
Yo te ví fijamente con muy radiantes ojos,
Pero tú solamente viste en mí un despojo (humano).

Nunca podré olvidar aquese gran momento
Porque aunque no lo sepas te juré amor eterno.
No puedo yo explicarme mi extraño sentimiento,
Y aunque tu no lo entiendas, yo sí te lo agradezco.

Me hiciste muy feliz para toda la vida
En tan sólo un instante, como no te imaginas.

*Julio César Alvarez*

# I Swear You Eternal Love

My eyes that saw you filled with joy
When they saw you all beautiful and full of light and life.
I saw you only one moment and it was wonderful,
You awakened in me my dormant soul.
It was in the cafeteria of our loved school
When eating we crossed our looks.
I saw you intensely with my radiant eyes,
But you only saw in me a scrap.
I will never forget that great moment
Because even though you don't know it, I swear you eternal
love.
I cannot explain to myself my strange feeling,
And even though you don't understand it, I thank you for it.
You made me feel so happy for all of my life
In just one moment, as you cannot imagine.

# Mi diamante rojo

Mi diamante rojo no te lo enseño;
Mi diamante rojo es único;
Siente, ama, sueña, vive y da vida.
Mi diamante rojo me envuelve en su tránsito
De arterias y venas extrañas,
Pero me mata día a día en su caos.
Mi diamante rojo es débil;
Suena lub-dub, lub-dub,
lub-dub, lub-dub.
Toca mi verdad y clarifica mi realidad;
Que aún estoy vivo, vivo, vivo.
Por eso no te lo enseño
Porque puedo morirme más rápido;
Su sonido es mi sonido fallido.
Mi diamante rojo es mi corazón.

*Julio César Alvarez*

# My Red Diamond

I will not show you my red diamond;
My red diamond is unique;
It feels, loves, dreams, lives and gives life.
My red diamond envelopes me in its transit
Of strange arteries and veins,
But it kills me day by day in its chaos.
My red diamond is weak;
It sounds lub-dub, lub-dub,
lub-dub, lub-dub.
It touches my truth and clarifies my reality;
The fact that I am still alive, alive, alive.
That's why I will not show it to you
Because I could die more quickly;
It's sound is my fallen sound.
My red diamond is my heart.

# Me duele que sufras

Si tú tienes una pena,
Si tú tienes un problema,
Solamente ven a mí.
Yo sé
Que la tristeza es tu condena
Y que el tiempo te encadena
Hasta el fin.
No temas mi Vida
Yo te guiaré
Para que tu encuentres
Paz en tu ser.
Sufriste un mal
Que te dejó sin la razón
Por culpa de un vil señor
Que enfermo está
Que abuso de tu cuerpo,
Y que te robo tu dignidad y tu honra
Dejandote con un temor
Que nunca tú olvidarás.
Fuiste una víctima inocente
Y yo sé bien que en tu mente
Hay rencor.
Sabes
Que aunque tú ya no te acerques
A mí por haber sufrido tanto
Tan sólo quiero que sepas
Que yo te amo
No sientas vergüenza ni culpa
Un día Dios justicia te hará.
Me duele que sufras
Pues te entiendo.
Olvida el momento que te marcó
Te lo pide tu esposo, tu amigo, mi Amor.

Vida,
Solo quiero que no llores.
Sé muy bien como te sientes,
Sí, lo sé.
Si yo encontrara al delincuente
Y lo viera frente a frente
Sin pensarlo lo mato.
Nunca le daré yo mi perdón
Porque el cometió una violación.

# It Hurts Me That You Suffer

If you ever have a sorrow,
If you ever have a problem,
Just come to me.
I know
That sadness is your sentence
And that time is what chains you
Till the end.
Don't be afraid my Life
I will guide you
So that you find
Peace inside your being.
You suffered something evil
That left you without reason
Because a vile man
Who is mentally ill
Abused your body
And stole your dignity and your honor
Leaving you with a fear
That you will never forget.
You were an innocent victim
And I know well that in your mind
There is rancor.
You know
That even though you don't get closer to me
Because you suffered so much
I just want you to know
That I love you.
Don't feel shame or guilt
One day God will make justice for you.
It hurts me that you suffer
For I understand you,
Forget the moment that marked you
Your husband, your friend, begs you to do it my Love.

Life,
I just want that you don't cry.
I know well how you feel,
Yes, I know it.
If I would find that guilty man
And I see him face to face
Without thinking I would kill him.
  I will never give him my pardon
Because he commited a rape.

# ¿Alma, puedes limpiar mi conciencia?

Una noche más
Estoy mirando mi triste cara en este espejo
Y yo he estado esperando desde hace ocho años
El día en que nos sonría la felicidad.
Estoy enclaustrado en un gran universo
De soledades y sueños
Donde invento y edifico ilusiones;
Busco las respuestas que anhelo
Para contestar tus preguntas,
Pero sigo estancado en el lodo (con problemas),
Después cierro mis ojos…
Soy prisionero de mis propios pensamientos.
No obstante, creo que he descubierto
Una de mis grandes verdades:
La de ser un hipócrita conmigo mismo,
Porque aunque veo la realidad, huyo de ella.
¡Basta de derrotismo!
¡Basta de tristeza!
¡Realidad despiertame!
Tú, mi propia imagen, por falta de amor propio,
Me mientes, te burlas de mí al verme,
Y te escondes cuando mas te necesito
En el espejo donde me reflejo en este instante,
Un instante que parece eterno.
Tanto tiempo siendo siempre el mismo,
Con todos mis complejos
Aflorando sobre mi piel;
Cargando mi cruz sobre mi espalda
Siempre soportando y callando mi dolor,
Con mi cerebro quemado, incapaz de pensar,
Corno si tuviera una enfermedad mental;
Corno si estuviera loco.
Ya lo sé

Quizás tú, Alma, me haces esto
Porque he creado una atmósfera negativa en mi vida, en mi destino.
Ahora entiendo.
Sabes,
Mañana voy al juzgado
A levantar una acta de culpabilidad contra mí mismo;
Quiero que me declaren culpable porque soy un criminal;
Soy un delincuente
Porque siento que te estoy matando,
Que me estoy matando yo solo
Y los dos sentimos la muerte.
    Te necesito a mi lado
    Corno el sediento camello busca el agua.
    Hoy voy a sacarte del espejo
Para que tú y yo seamos una sola imagen o un solo cuerpo;
Y voy a lograr que esta imagen o cuerpo
Sea transparente, libre, feliz.
Ya no veremos el espejo jamás
Porque no existirá.
No recordaremos la tristeza que tuvimos;
Los dos debemos y tenemos que vivir.
Estemos unidos, juntos.
Yo cuerpo y yo imagen, los dos siendo sólo uno
Con pensamientos abiertos y optimistas.
    Quiero cambiar esta vida, mi vida, de fracaso y
    tragedia,
Pero no puedo
O no me deja mi espíritu.
Por eso yo te ruego y te imploro, Alma,
Por favor ayudame,
¿Puedes limpiar mi conciencia?

# Soul, Can You Clean My Conscience?

I am one more night
Looking at my sad face in this mirror
And I have been waiting since eight years ago
The day that happiness smiles to us.
    I am cloistered in a great universe
Of loneliness and dreams
Where I invent and edify illusions;
I look for the answers that I pine for
To answer your questions,
But I continue stagnant in the mud (problems),
Then I close my eyes…
    I am a prisoner of my own thoughts.
    However, I believe I have discovered
One of my great truths:
The fact that I have been a hypocrite with myself.
Because even though I see the reality, I escape from it.
    That will do; stop! defeatism
    That will do; stop! sadness
    Reality, wake me up!
    You, my own image, for lack of self-esteem,
Lie to me, make fun of me when you see me,
And hide when I need you most
In the mirror where I am looking myself at this moment;
A moment that seems eternal.
    So long always being the same person,
With all my complexes
Blooming over my skin;
Lifting my cross over my back
Always supporting and keeping my sorrows silently,
And having my brain unable to think, burnt up
As if I had a mental illness;
As if I was crazy.
    I know it

May be you, Soul, are doing this to me
Because I have created a negative atmosphere in my life, in
my destiny.
Now I understand.
You know,
Tomorrow I will go to the courthouse
To file an act against myself (to sue myself);
And I want to be declared guilty for I am a criminal;
I am a delinquent
Because I feel that I am killing you,
That I am killing myself
And both of us feel death.

    I need to have you on my side

    As a thirsty camel looks for water.

    Today I will take you out from the mirror
So that you and I will become only one image *or* only one
body;
And I will get that this image or body
Be transparent, free, and happy.
We will not see the mirror anymore
Because it will not exist.
We will not recall the sadness that we had:
The two of us should and have to live.
We should be united, together.
I body and I image, both being only one
With open and optimistic thoughts.

    I want to change this life, my life, of failure and
      tragedy,
But I cannot do it
Or my spirit does not let me do it.
That's why I beg you and implore you, Soul,
Please help me,
Can you clean my conscience?

# Manos santas

Benditas son las manos que curan;
Santas son por el don divino
Que recibieron del cielo,
Par preservar y alargar la vida.
Son manos que iluminan en la obscuridad,
Que reciben la luz de la bondad,
Que acarician la vida con su piedad.
Son manos diestras, manos limpias,
Manos sanas, manos buenas,
Manos santas esculpidas por Dios.
Hoy par eso a esas manos yo les doy mi mano,
Que es la mano de un hermano.

*Julio César Alvarez*

# Blessed Hands

Blessed are the hands that cure;
Blessed they are for the divine gift
That they received from heaven,
For guarding and making life longer.
They are hands that illuminate the darkness,
That receive the light of kindness,
That caress life with its godliness.
They are skillful hands, clean hands,
Healthy hands, good hands,
Blessed hands sculptured by God.
That's why to those hands I give them my hand,
Which is the hand of a brother.

# Perdí la rima

Hoy no podría dormir sin escribir algo;
Escribir culaquier estupidez, pero escribir.
Ya ha pasado mucho tiempo que no escribo poemas
Porque perdí la rima.
Las palabras ya no fluyen de mi cerebro
Ni de mi corazón, ni de mi ser.
Dios,
Dejame recuperar el tiempo que perdí cuando tuve
esquizofrenia
Para expresar mis sentimientos;
Los que oculto par los tantos errores que he cometido en la
vida.
Ya no puedo pensar a gusto.
Ya en mí no afloran los cánticos
Que me hacen vibrar.
Dios.
Devuelveme la gracia de escribir poemas
Para que através de ellos pueda encontrar la rima que perdí;
Es lo único que te pido.
Se me está acabando la paciencia; ya no puedo esperar.
Me siento arido, triste, y vacío.
Cada día que pasa tengo más pensamientos que decir;
Más versos que escribir, y más injusticia que gritar,
Pero menos palabras dentro de mí.
Las palabras las tengo atravezadas en mi conciencia,
Y eso impide mi pensamiento;
Me estoy quedando tonto, loco, y mudo.
¡Qué tragedia! Perdí la rima y no la encuentro.

*Julio César Alvarez*

# I Lost The Rhyme

Today I would not be able to sleep without writing
something,
To write any stupidity, but to be able to write.
It has been a long time since I don't write poems
Because I lost the rhyme.
The words do not flow from my brain
Nor form my heart, nor from my being anymore.
God,
Let me recover the time I lost when I had schizophrenia
To be able to express my feelings;
The ones I hide for the so many mistakes I have done in life.
Now I cannot think with pleasure.
Already in me do not bloom the chants
Which make me vibrate.
God,
Please turn back to me the grace of writing poems
So that through writing poems I could be able to find the
rhyme I lost;
It is the only thing I ask you for.
My patience is getting exhausted; I cannot wait any
longer.
I feel arid, sad, and empty.
Each day that passes by I have more thoughts to say;
More verses to write, and more injustice to yell,
But I have fewer words inside of me.
I have the words clogged in my conscience,
And that prevents me from thinking;
I am becoming stupid, crazy, and mute.
What a tragedy! I lost the rhyme and I don't find it.

# About the Author

Julio César Alvarez was born in Nuevo Laredo, Mexico, on May 28, 1965. He is the second of four brothers. He studied his elementary and Jr. High School in this city.

He had a talent to recite poems since he was very young. His parents and brothers are the most important persons in his life.

Alvarez migrated to the United States in 1980. He dreamt becoming a Doctor of Medicine. He attended United High School in Laredo, Texas. There, he met Charles Dunham, his first English teacher, who helped him to connect words and phrases in English, and graduated with honors. He then studied two years at the Laredo Community College and obtained his Associate of Arts degree. There, he met Instructor Claudio Perez who influenced him greatly to pursue a career in Science.

Julio César Alvarez attended Southwest Texas State University, in San Marcos, Texas in 1985. He worked as a Botany Research Assistant and as a Spanish Teacher Assistant in this school. He studied Spanish Literature and Latin American Poetry with Maria Isabel Tamargo, who inspired him to write. He started to write this book at about this time. He graduated with a Bachelor of Arts degree in General Biology and Spanish in absentia in 1988.

A wrongly diagnosed Schizophrenia impeded Alvarez to continue with his dream of becoming a doctor. But he later registered in a program to get a degree in Education at Texas A&M International University in Laredo, city where he actually resides. He has worked lately in the field of Education.